코끼리

코가 길어서 코끼리라고?
이빨도 기니 이끼리라 하지.

펄럭펄럭 부채질하는 큰 귀
귀가 크니 귀끼리는 어때?

긴 코에 미끄럼이나 탈까?
큰 이빨에 그네나 맬까?
넓은 귀로 우산이나 할까?

눈과 꼬리는 장난이냐?
너무 작아 균형이 안 맞잖아,
눈으로 웃기만 하는 코끼리.

이 책을 만들기까지 도움주신 분들

사진작가

- **김수만**
(사)한국자연다큐멘터리 제작자협회 부회장, 한국생태사진가협회 회장.
KBS 〈독도 365일〉, EBS 〈물총새 부부의 여름나기〉, MBC 자연 다큐멘터리 〈청호반새의 여름사냥〉, 〈저어새의 꿈〉, 〈현충원에 친구들〉 등 자연다큐멘터리, 영상물 제작사 자연다큐를 운영하고 계십니다.

- **윤순태**
현재 docukorea 대표
한국수달보호협회 경기도지회지회장, 한국자연다큐 제작자협의회 회원
한국어류학회원, 천연기념물 어름치 금강복원 연구원, 멸종위기종 미호종개복원 연구원으로 계십니다.

- **김종기**
현재 들꽃세상(www.flworld.co.kr) 운영자.
식물의 생태를 관찰하여 알려주는 생태 사진 작가로 활동 중이십니다.
인터넷 사이트를 운영하시며 많은 사진 자료를 보급하고 계십니다.

- **조영권**
현재 〈자연과 생태〉 편집장으로 생태 다큐멘터리 작가.
'곤충 세계 대 탐험전'과 '곤충의 신비전' 등 전시회를 열기도 했으며, 자연보호협회의 생태 조사 전문 위원으로 수도권의 곤충 분포 조사를 했고, 환경운동연합과 함께 곤충 탐사 프로그램을 진행했습니다.

- **홍성관**
현재 한국출판사진가협회 회원, BOOM STUDIO 운영.
주)국민서관 사진팀 근무, 월간 〈자연관 어린이〉, 자연 과학 전집 〈키디사이언스〉 등 많은 작업을 하셨습니다.

- **김병주**
현재 매거진 세상디지털 사진부 실장, 필스튜디오 대표.
서울, 부산 광고전문 스튜디오 근무. 1995년 광고사진전문 스튜디오 오픈, 전 아이러브제주 사진부 실장을 지내셨습니다.

동시 | 김종상
국제펜클럽한국본부 수석부이사장, 한국문인협회 이사, 유석초등학교 교장.
〈서울신문〉 신춘문예 동시 당선으로 작품 활동, 대한민국문학상 본상(동시), 어린이문화대상 본상(동화) 수상했고, 저서로는 동시집 〈꽃들은 무슨 생각할까〉, 동화집 〈재주 많은 왕자〉 등 다수가 있습니다.

논술 | 정명숙
국제펜클럽한국본부 회원, 한국아동문학인협회 회원, 유석초등학교 교사.
한국교육신문사 꽁트부문 우수상, 월간수필문학 신인상 당선, 저서로는 〈황금을 쏟아내는 돌사자〉, 〈새교과서 수학동화〉 등 다수가 있습니다.

교정 | 곽선하
서울대학교 생물교육과를 전공하고 창덕여자중학교 교사, 현재 청운중학교 교사로 계십니다.

교정 | 안지혁
서울 초등 교육 35년간 근무.
자연 전공, 서울 경일초등학교에서 어린이들을 가르쳤고 현재 박물관 대학원에 다니십니다.

세밀화 | 김승연
현재 프리랜서 일러스트레이터로 활동하고 계십니다.
소년 소녀 가장돕기 동시화전에 4회 출품하셨으며, 교과서 삽화와 위인전기, 창작동화, 전래동화 등 많은 그림을 그리셨습니다.

세밀화 | 김백송
광고기획실 운영 및 광고 일러스트레이터로 활동하고 계십니다.
작품으로는 테마 위인동화 〈마젤란〉, 〈아인슈타인〉, 〈어린이 팔만대장경〉, 〈원리친구 원리과학〉 등 다수가 있습니다.

부록작가

칼라믹스 | 백영희 (한국칼라믹스 중앙협회 부회장)
종이접기 | 하진희 (한국 종이접기 목동 교실 원장)
생태학교 | 조영권 (자연과 생태 편집장)
도감 | 이종배

글 | 예종화
아동문학가. 특히 유아대상 자연관찰을 기획·집필하고 계십니다.
주요 경력은 다년간 일본 강담사(講談社) 해외 편집부 근무하셨습니다.
대표적인 자연 과학 기획물은 〈하이디 과학탐구〉 전 80권, 〈신비한 플랑크톤 자연관찰〉 전 30권, 〈애니콜 자연과학탐구〉 전 60권, 〈방글방글 자연방 이야기〉 전 60권, 〈도담도담 자연관찰〉 전 60권, 〈똑똑 자연 톡톡 관찰〉 전 80권 등 많은 자연 과학을 기획·집필 하셨습니다.

글 | 김영이
오랜 동안 중·고등 학생 대상의 참고서 및 문제집 등을 집필·편집해 온 경력을 바탕으로, 지금껏 어린이들을 위한 아동 과학 도서 및 위인전, 동화 등을 집필하고 계십니다.
쓴 책으로는 〈도담도담 자연관찰〉 전 60권, 〈원리친구 과학동화〉 전 64권, 〈그림 삼국유사〉 전 36권, 〈똑똑 자연 톡톡 관찰〉 전 80권, 〈테마 위인동화〉 시리즈 외에 다수가 있습니다.

지상 최대의 먹보대장 코끼리

펴낸 이 · 이행순
펴낸 곳 · (주)한국글렌도만
출판등록 · 1996년 1월 25일
주소 · 서울시 종로구 충신동 25-36
공급처 · (주)한국슈타이너
대표 · 조창호
전화 · 02)741-4621
FAX · 02)765-4584
기획총괄 · 예종화
기획주간 · 김영이
편집진행 · 조정희
교정 · 곽선하, 안지혁
디자인 · 강대현, 정세화, 한수지, 박진영, 서영란
　　　　손은숙, 김우형, 권신혜(표지)
사진제공 · 타임스페이스 – Minden picture, photopark / (주)토트랩
　　　　이미지클릭 – NHPA, photo research / 예상해(名品기획)

2007 ⓒ steiner korea

● 잘못 만들어진 책은 바꾸어 드립니다.

ISBN 89-16-03589-9
ISBN 89-16-03576-7(세트)

이 책에 실린 글과 그림 등의 저작권은 (주)한국글렌도만에 있습니다.
본사의 허락없이 이 책에 실린 내용의 일부 또는 전체를 어떤 형태로든 변조하거나 무단 복제하는 것은 법으로 금지되어 있습니다.

테마별 자연 나라, 생태 탐구 자연관찰

37_동물

지상 최대의 먹보대장
코끼리

(주)한국슈타이너

지상에서 가장 큰 동물

코끼리는 몸집이 아주아주 커요.
땅 위에 사는 동물 중에 가장 몸이 크고,
힘도 최고로 세요.
코끼리는 죽기 전까지 계속 몸이 자라요.
몸이 큰데다 풀이나 나뭇잎을 엄청 먹기
때문에 코끼리 떼가 한 번 지나가면
울창하던 숲도 쑥대밭이 되고 말아요.

◁ 코끼리는 가족 생활을 하는 동물로, 아프리카코끼리의 몸무게는 7~8t, 아시아코끼리의 몸무게는 2~5t으로 육지에 사는 동물 중 가장 커요.

↑ **아프리카코끼리**
아프리카코끼리는 아프리카 사바나에 살아요. 암수 모두 상아가 있고 귀는 세모꼴이며, 코 끝의 위아래가 툭 불거져서 물건을 집을 수 있어요.

← **아프리카코끼리의 코**
윗부분과 아랫부분이 모두 툭 불거졌어요.

아프리카코끼리와 아시아코끼리

아프리카코끼리는 암수 모두 뿔 같은 상아가 있고,
세모꼴의 커다란 귀가 어깨를 덮고 있어요.
아시아코끼리는 아프리카코끼리에 비해
몸도 작고 상아도 짧아요.
귀도 네모꼴이고 아프리카코끼리에 비해 작지요.
하지만 둘 다 성질이 온순한 초식 동물이에요.

▼ 아시아코끼리
아시아코끼리는 동남 아시아 삼림에 살아요.
아프리카코끼리에 비해 몸이 작으며,
귀도 작고 귀 모양은 네모꼴에 가까우며
코 끝의 돌기도 하나예요.

▼ 아시아코끼리의 코
윗부분만 툭 불거져
나왔어요.

↑ 코로 땅콩 같은 작은 물건을 집어서 먹기도 해요.

↑ 코를 서로 걸거나 코로 머리를 쓰다듬어 주며 인사도 나누어요.

손처럼 쓰이는 만능 코

코끼리 코는 만능 코예요.
물을 '푸우~' 뿜어서 샤워도 하고,
맛있는 과자나 땅콩도 집어 먹고,
나무 꼭대기의 잎사귀도 따 먹어요.
등이 가려울 때는 기다란 코로
긁적긁적 긁기도 하고
친구를 만나면 악수도 하지요.

⇐ 코로 물이나 모래를 뿌려서 샤워도 해요.

코끼리의 코는 코와 윗입술이 합쳐져 길게 자라난 것으로 4만여 개의 근육으로 이루어졌어요.

통나무처럼 튼튼한 다리

코끼리는 느릿느릿 느림보같이 움직이지만
위급할 때는 날쌔게 잘 달려요.
네 다리가 통나무처럼 굵고 튼튼하거든요.
게다가 발바닥에는 굳은살이 박혀 있어서
푹신푹신한 운동화처럼 충격을 흡수해요.
덕분에 걸을 때도 쿵쿵 소리나지 않아요.

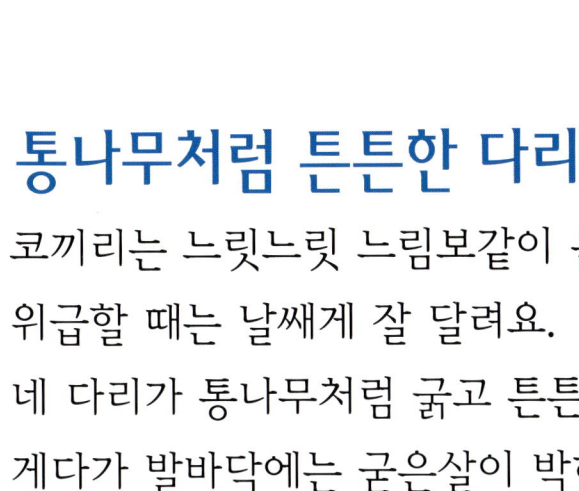

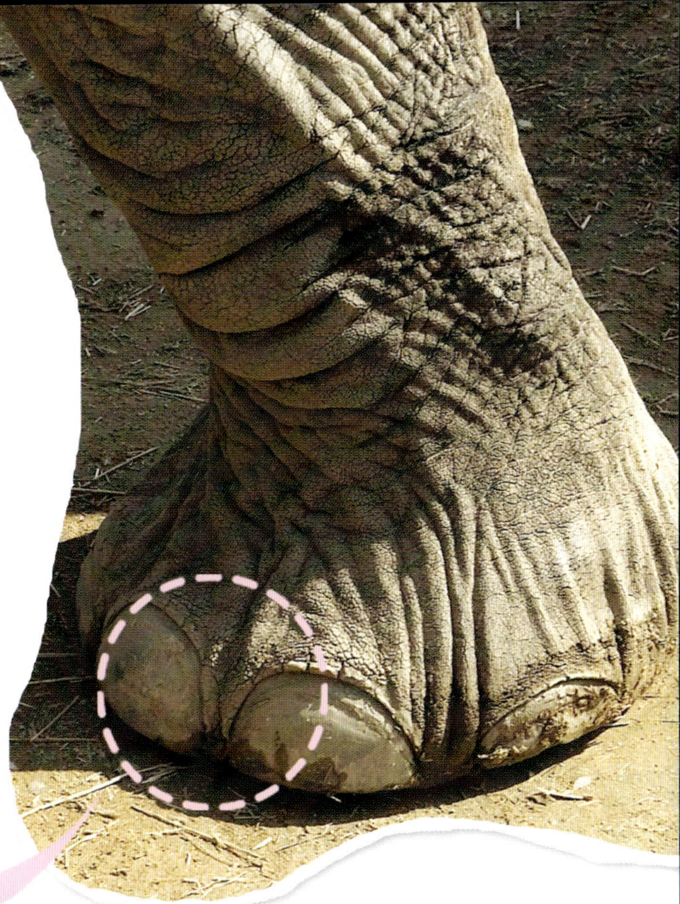

➜ 코끼리의 넓적한 발바닥은 무거운 체중을 분산시키고, 굳은살은 충격을 흡수해요.

↑ 코끼리의 앞발톱은 4~5개, 뒷발톱은 3~4개예요.

← 어린 코끼리의 몸에는 솜털 같은 짧은 털이 나 있어요.

거칠거칠하고 두꺼운 피부

코끼리의 피부는 거칠거칠하고,
두꺼우며 쭈글쭈글 주름투성이예요.
몸에는 거의 털이 없어요.
약간의 센털이 비죽비죽 나 있고
꼬리 끝에만 기다란 털이
약간 있을 뿐이지요.

↓ 코끼리의 회색빛 피부는 고목나무처럼 거칠거칠하고 골이 패였으며, 두께도 2~4cm 정도로 두꺼워요.

↑ 코끼리의 1.2~1.5m쯤 되는 꼬리 끝에는 약간의 긴 털이 나 있어요.

뿔처럼 길게 뻗어 나온 엄니

코끼리의 엄니를 상아라고 해요.
코끼리의 엄니는 위턱의 앞니가 자라서
뿔처럼 길게 뻗어 나온 것이에요.
코끼리는 이 엄니로 나무 껍질도 벗기고,
땅 속의 풀뿌리도 캐서 먹어요.
또, 사자 같은 적을 만나면
뾰족한 엄니로 콱 들이받아 물리쳐요.

➡ 단단하고 뾰족한 엄니는 적과 싸울 때는 무기가 되고, 땅을 파거나 나무 껍질을 벗길 때는 연장이 돼요.

⬆ 코끼리의 엄니는 암컷보다 수컷이 훨씬 크고 길어요.

코끼리들이 엄니를 이용해 나무 껍질을 벗기고 있어요.

코끼리들의 이야기 방법

코끼리들은 무리에 침입자가 들어오면
귀를 크게 펄럭거려서 위협해요.
오랜만에 친구를 만나면 코로 악수를 하듯
마주 걸어서 "반가워." 하고 인사해요.
또, 짝짓기 철이면 냄새로 암컷을 부르고
보통 때는 코를 높이 쳐들고
'뿌우우' 우렁차게 이야기를 나누어요.

▽ 코끼리는 감각 기관을 이용해 저희끼리 의사 소통을 하지만 눈은 5m 앞의 사물도 못 알아볼 만큼 지독한 근시예요.

코끼리들은 코를 마주 걸어서 친근감을 표시하기도 해요.

코끼리 가족은 대가족

코끼리는 가족끼리 모여 살아요.
대장인 할머니코끼리를 중심으로
엄마코끼리, 아기코끼리,
이모코끼리까지 식구도 많지요.
먼 길을 갈 때면 경험 많고 지혜로운
나이 많은 대장 할머니코끼리가
앞장서서 길을 안내해요.

과학 이야기
코끼리 무리의 가족 구성

코끼리 사회는 모계 사회로 대개 늙은 암컷 대장과 2~3마리의 딸과, 그들이 낳은 새끼들로 이루어져요. 먼 길을 이동할 때는 나이 많은 암컷 대장이 무리를 인도하는데, 먹을 것이 많아지는 우기가 오면 몇 가족이 모여서 50마리 이상의 큰 무리를 이루기도 합니다. 임신 기간은 21~22개월이고 수명은 60년 가량 되지만, 야생의 경우에는 15년 정도면 절반 가량은 죽는다고 해요.

코끼리들의 짝짓기

"나도 아기를 낳고 싶어."
"그럼 냄새를 풍겨 신호를 보내 봐.
그래야 신랑감들이 찾아오지."
암컷 코끼리는 짝짓기할 때가 되면
냄새를 풍기고 소리를 내요.
그러면 수컷들은 여기저기 소변을
흘리고 다니면서 서로 암컷을
차지하려 야단법석이지요.

▶ 코끼리는 먹이가 풍부할 때 짝짓기를 하는데, 암컷 코끼리는 10살 정도 되면 새끼를 낳을 수 있어요.

▲ 코끼리들의 짝짓기는 먹이가 풍부할 때 이루어져요.

↑ 갓난 코끼리의 몸무게는 90kg, 몸높이는 90cm 가량 돼요. 태어난 지 2일 후면 무리를 따라 걸을 수 있어요.

젖을 먹고 자라는 새끼

"엄마, 맘마 주세요."
아기코끼리는 젖을 먹고 자라요.
태어난 지 이틀 후면 어른들을 따라
아장아장 걸으며 여행도 할 수 있지요.
이 때 젊은 코끼리들은 아기코끼리가
적의 습격을 받지 않게 세심하게
주의를 기울여 보살펴요.

➜ 젖을 먹고 있는 아기코끼리
코끼리는 3~4년 동안 젖을
먹는데, 적어도 5년은 지나야
혼자 살아갈 수 있어요.

무리에서 쫓겨나는 수컷

"넌 이제 집을 떠나 살거라.
이제부턴 사나이답게 혼자 사는 거야."
수코끼리는 사춘기가 되면
가족들한테서 쫓겨나 혼자 살거나
다른 수코끼리들과 살아야 해요.
수컷은 새끼 돌보는 일은 생각도 안 해요.
늘 암컷을 찾아 짝짓기할 궁리만 하고,
제 새끼도 알아보지 못하는 못난이예요.

▼ 수코끼리는 사춘기 이전(12살)까지만 가족과 살아요.

▼ 수컷은 주로 가족의 주위를 살피며 다녀요. 수컷들 사이에는 유대감도 약하고 암컷들처럼 서로 돕는 협동심이 부족해요.

과학 이야기
코끼리의 성장과 짝짓기

암컷 코끼리는 태어나 3~4년 동안 어미의 젖을 먹고 지내다가 8~14년이면 어른이 돼요. 성장이 빠른 코끼리는 10살 정도 되면 새끼를 낳을 수도 있어요. 수코끼리는 12살(사춘기) 정도 되면 무리를 떠나 다른 수컷들과 함께 살거나 혼자 살아요. 그래서 가까운 친척과 결혼하는 일을 피하게 돼서 건강한 자손을 낳을 수 있어요.

↑ 코끼리들은 물을 먹을 때 나이 많은 코끼리부터 차례로 먹어요.

물을 좋아하는 코끼리

코끼리는 물을 꽤 좋아해요.
하루에 물을 120리터나 마신대요.
강이나 호수가 마르면 코로 웅덩이를
파서 물이 괼 때까지 끈질기게 기다려요.
물놀이도 아주아주 좋아해요.
길 가다 개천을 만나면 코로 샤워도 하고,
물 속에 드러누워 목욕도 해요.

◀ 코끼리는 한 번에 5.7ℓ의 많은 물을 마셔요.

코끼리의 별난 피서법

코끼리는 더우면 귀로 펄럭펄럭
부채질을 하거나 코로 온몸에 물을 끼얹어요.
때로는 진흙 구덩이에 들어가 뒹굴거나,
코로 모래를 뿌려 모래 샤워를 해요.
그러면 몸에 달라붙은 진드기도 없앨 수 있고,
숨막히는 더위도 식힐 수 있거든요.

← 물목욕은 코끼리가 가장 좋아하는 피서법 중의 하나예요. 또, 혈관이 많이 퍼져 있는 귀를 펄럭이면 열을 발산하는 데 효과적이에요.

모래 목욕이나 진흙 목욕을 하면 쇠파리나 진드기 같은 귀찮은 기생충을 없앨 수 있고 몸의 열도 식힐 수 있어요.

◁ 코끼리는 나뭇가지나 나무 껍질도 잘 먹어요.

▷ 어른 코끼리는 하루에 약 400kg의 먹이를 먹을 만큼 대식가예요.

먹보 대장 코끼리는 똥싸개

코끼리는 대단한 먹보예요.
풀, 나뭇잎, 열매, 나무 껍질 같은
식물성은 모두가 밥이에요.
나무 꼭대기에 달려 있는 나뭇잎도
기다란 코로 거뜬히 따서
날름 씹어 삼키지요.
하도 많이 먹어서 하루에 10번 이상
똥을 누는 똥싸개이기도 해요.

← 코끼리 똥에는 소화되지 않은 식물질이 많이 섞여 있어서 쇠똥구리들이 먹이를 구하러 모여들기도 해요.

착하고 온순한 마음

코끼리는 성격이 착하고 온순해요.
넓은 풀밭에서 기린이나 얼룩말이랑
다정하게 풀을 뜯어 먹어요.
새가 날아와 등을 콕콕 쪼으면
"아, 시원해."
하면서 사이좋게 지내지요.(★)

↙ 코끼리들이 풀밭에서 풀을 뜯어 먹고 있어요.

↙ 코끼리들은 성격이 온순해서 다른 초식 동물과도 잘 어울려 지내요.

지상 최대의 동물 코끼리

코끼리의 서식지와 생태

코끼리의 서식 장소는 아프리카 사하라 사막 이남 사바나 전 지역과 동남 아시아의 인도·스리랑카·미얀마·수마트라섬 등의 산림 지대에 서식합니다. 사람한테 교육을 받고 인간의 일을 대신하기도 하는 지능이 높은 동물입니다.

코끼리는 성숙한 암컷이 이끄는 가족 단위들이 서로 결합하여 30~40마리의 대집단을 이루며 삽니다. 늙은 수컷은 단독 생활을 할 때가 많습니다. 물목욕을 즐기며, 이른 아침이나 저녁 때는 돌아다니며 풀을 먹고, 더운 한낮에는 나무 그늘에서 쉽니다. 잠은 선 채로 자거나 옆으로 누워서 자는데, 잠잘 때 코는 반드시 속으로 말려들게 합니다. 무리들이 잠을 잘 때에는 감시하는 코끼리가 있다고 합니다. 또, 소리를 내거나 땅을 구르는 소리 등의 방식으로 의사 소통을 합니다.

먹이는 초식성으로 나뭇잎, 새순, 나무 껍질 따위를 하루에 약 400kg씩이나 먹는 대식가이기도 합니다.

세계의 코끼리 서식지

⬇ **아프리카코끼리**
아프리카 사하라 사막 이남의 사바나 지대에서 살아요.

➤ **아시아코끼리**
인도와 동남 아시아 일대의 삼림 지대에 살고 있어요.

과학 4-2의 1단원 '동물의 생김새', 2단원 '동물의 암수', 6-1의 5단원 '주변의 생물'과 관련하여 코끼리의 생김새와 생태에 대하여 알아봅니다.

아시아코끼리와 아프리카코끼리의 차이점

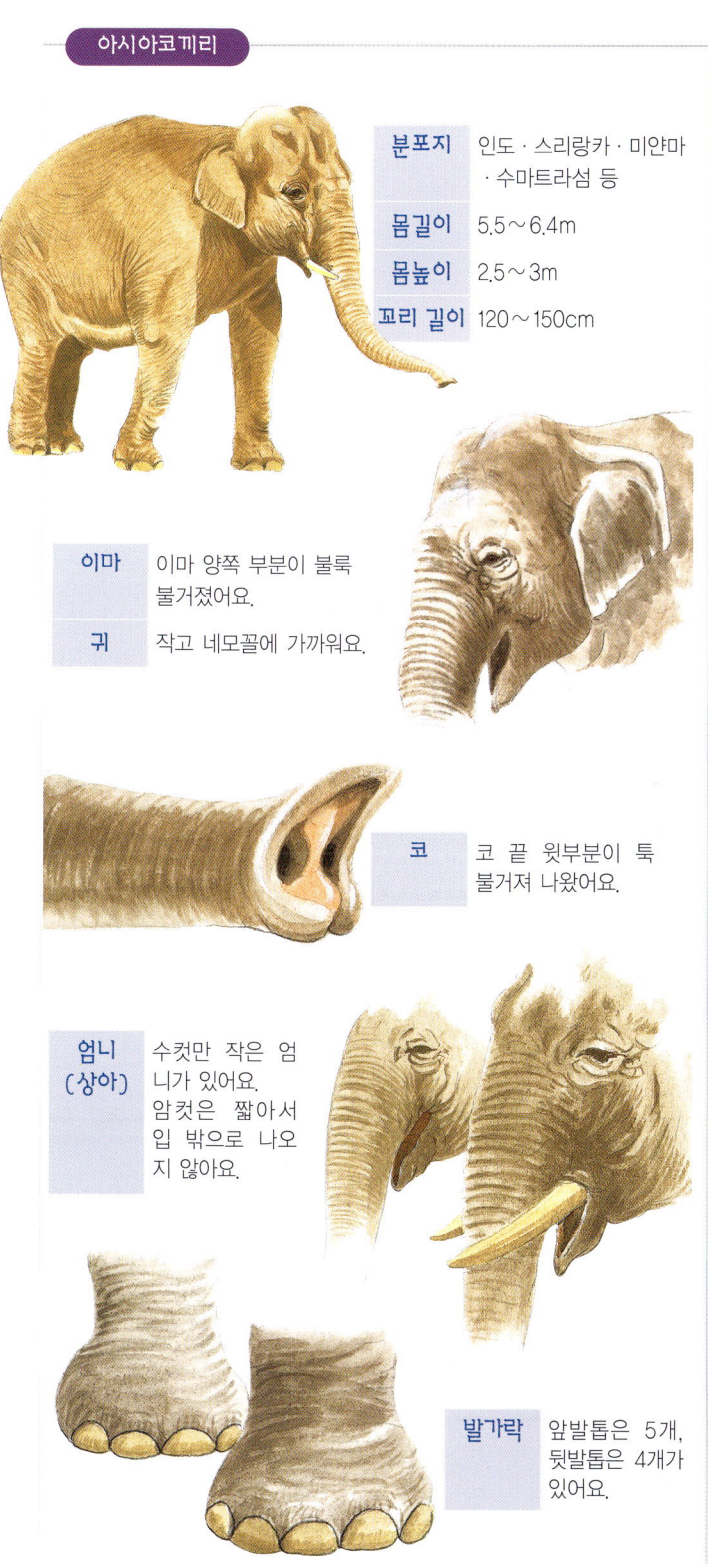

아시아코끼리

- **분포지**: 인도·스리랑카·미얀마·수마트라섬 등
- **몸길이**: 5.5~6.4m
- **몸높이**: 2.5~3m
- **꼬리 길이**: 120~150cm
- **이마**: 이마 양쪽 부분이 불룩 불거졌어요.
- **귀**: 작고 네모꼴에 가까워요.
- **코**: 코 끝 윗부분이 툭 불거져 나왔어요.
- **엄니(상아)**: 수컷만 작은 엄니가 있어요. 암컷은 짧아서 입 밖으로 나오지 않아요.
- **발가락**: 앞발톱은 5개, 뒷발톱은 4개가 있어요.

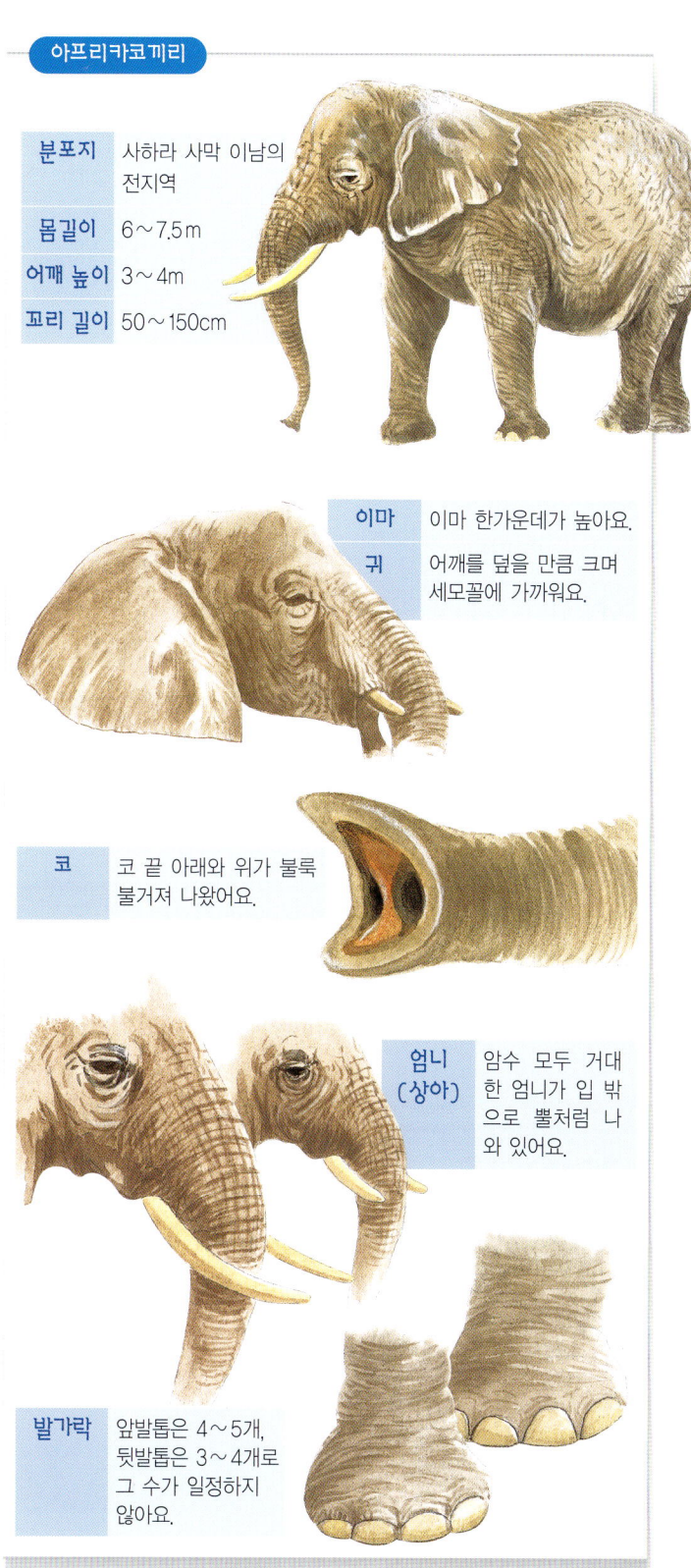

아프리카코끼리

- **분포지**: 사하라 사막 이남의 전지역
- **몸길이**: 6~7.5m
- **어깨 높이**: 3~4m
- **꼬리 길이**: 50~150cm
- **이마**: 이마 한가운데가 높아요.
- **귀**: 어깨를 덮을 만큼 크며 세모꼴에 가까워요.
- **코**: 코 끝 아래와 위가 불룩 불거져 나왔어요.
- **엄니(상아)**: 암수 모두 거대한 엄니가 입 밖으로 뿔처럼 나와 있어요.
- **발가락**: 앞발톱은 4~5개, 뒷발톱은 3~4개로 그 수가 일정하지 않아요.

과학 4-2의 1단원 '동물의 생김새', 2단원 '동물의 암수', 6-1의 5단원 '주변의 생물'과 관련하여 코끼리의 생김새와 생태에 대하여 알아봅니다.

 올빼미 자연관찰 통합교과형

서술 및 논술형 문제 익히기

*〈올빼미 자연 관찰〉을 통해 익힌 동식물의 생태와 자연 현상을 문제를 풀어 재확인함으로써 사고력·논리력·창의력의 성장은 물론 통합교과형 논술에도 강한 어린이가 될 것이다.

 기본형 문제 1

다음에서 코끼리에 대해 설명한 것 중 바르지 않은 것은?

① 코끼리들은 가족끼리 모여 살아요.
② 코끼리 가족의 우두머리는 나이 많은 암컷이에요.
③ 코끼리는 더우면 귀를 부채처럼 흔들어요.
④ 코끼리는 물을 무척 좋아해요.
⑤ 코끼리는 시각이 매우 발달했어요.

 서술형 문제 2

코끼리의 기다란 코는 근육질의 코와 윗입술이 합쳐져서 길게 자라난 것이에요. 코끼리가 코로 할 수 있는 일을 3가지만 써 보세요.

 **기본형 문제 3**

코끼리는 진흙 목욕이나 모래 목욕을 해서 제 피부에 붙어 사는 기생충을 떼어 내요. 다음에서 코끼리를 괴롭히는 해충 2가지를 골라 보세요.

① 쇠파리　　② 진드기　　③ 진딧물　　④ 노린재　　⑤ 개미

 서술형 문제 4

다음은 코끼리 몸의 어느 부분에 대한 설명이에요. 여기서 말하는 '이것'은 무엇일까요?

> 이것은 코끼리 위턱의 앞니가 자라서 뿔처럼 길게 뻗어 나온 것이에요. 코끼리는 이것으로 나무 껍질도 벗기고, 땅 속의 풀뿌리도 캐고, 사자 같은 적을 만나면 무기삼아 들이받아 버리지요. 사람들은 코끼리의 이것을 이용해서 피아노 건반도 만들고, 고급 장식품을 만들기도 한답니다.